I0799101

Un animalito para Gala

Mariana Vargas
ilustrado por Luisa Vera

—¿Me regalan un animalito?
—dijo Gala.

—¿Qué animalito te gustaría?
—le dijo la mamá.

Gala pensó un momento.

—¡Una jirafa! —dijo.

La mamá dijo riendo:

—Es muy larga. Hará un agujero en el techo.

—¿Y un elefante? —dijo Gala.

—Ninguna silla resiste
tanto peso —dijo el papá.

—¿Un gallo? —intentó Gala.

—Mmm... Es muy ruidoso —dudó la mamá.

—Al menos un lagarto —dijo Gala.

—¿Un lagarto en casa? ¿A quién se le ocurre? —dijo el papá.

La mamá y el papá negaron con la cabeza y dijeron:

—Ninguna jirafa, ni elefante, ni gallo, ni lagarto.

Gala pensó un rato.

—¡Ya sé! ¡Un gatito! —gritó Gala.

La mamá miró al papá. El papá miró a la mamá.

—¡Es un regalo fabuloso! —dijeron los dos.